消えていく戦争　70年目のタチソ

東方出版

もくじ

タチソ・トンネル群の全景・・・・・・・・・・・・・・・・・・・・・6

第1トンネル群・・・・・・・・・・・・・・・・・・・・・・・・・8

第2トンネル群・・・・・・・・・・・・・・・・・・・・・・・・・12

第3トンネル群・・・・・・・・・・・・・・・・・・・・・・・・・32

第4トンネル群・・・・・・・・・・・・・・・・・・・・・・・・・40

敗戦当時の第1トンネル群・・・・・・・・・・・・・・・・・・・・44

「タチソ」関連年表・・・・・・・・・・・・・・・・・・・・・・・46

あとがき・・・・・・・・・・・・・・・・・・・・・・・・・・・・47

タチソとは、

高槻(タカツキ)地下(チカ)倉庫(ソウコ)の頭文字を取った陸軍の暗号です。

大阪と京都の中間に、高槻市があります。中心部から北へバスで15分ほど行くと、北摂山系の麓に着きます。ここに、1944年秋から1945年8月の敗戦までの間、タチソ・トンネル群が掘られました。初めは戦争遂行のための陸軍地下司令部として、戦況の悪化で空襲が激しくなってからは戦闘機エンジン部品の製造の地下工場として、タチソ・トンネル群は掘られたのです。

　「勤労動員」と称して近在の村や街の人びと、学生、はては小学生までが軍馬のための草刈りなど、様々な人々が軍の命令でタチソに関わりました。しかし、実際のトンネル掘削作業の危険な部分は朝鮮人労働者が担い、死傷者も出ました。現在でも有名な建設会社の下請けとして働いたのです。なかには、「強制連行」として知られる集め方でタチソに連れて来られた人もいました。

　敗戦で工事が止まってから70年、山々の間近まで住宅開発が迫り、高速道路建設の工事もあって、付近の風景は全く変わりました。トンネル自体も大阪層群という土と石が混じり合った地質で、風雨に浸食され、崩壊が進みつつあります。

　タチソ・トンネル群の現状を少しでも多くの方に知っていただくため、2014年に『タチソ写真展』を開きました。この本の写真は、その中から選んだものです。しかし、2015年5月、「タチソ」に関する写真がアメリカ国立公文書館で発見されました。これらは、「タチソ」の過去と現在を比較していただくための素晴らしい資料になると思いましたので、急遽、写真を追加しました。

　いつの間にか「戦争」が身近になってきている現在、多くの皆さんに、過去の戦争の「実態」を知っていただきたいと思っています。

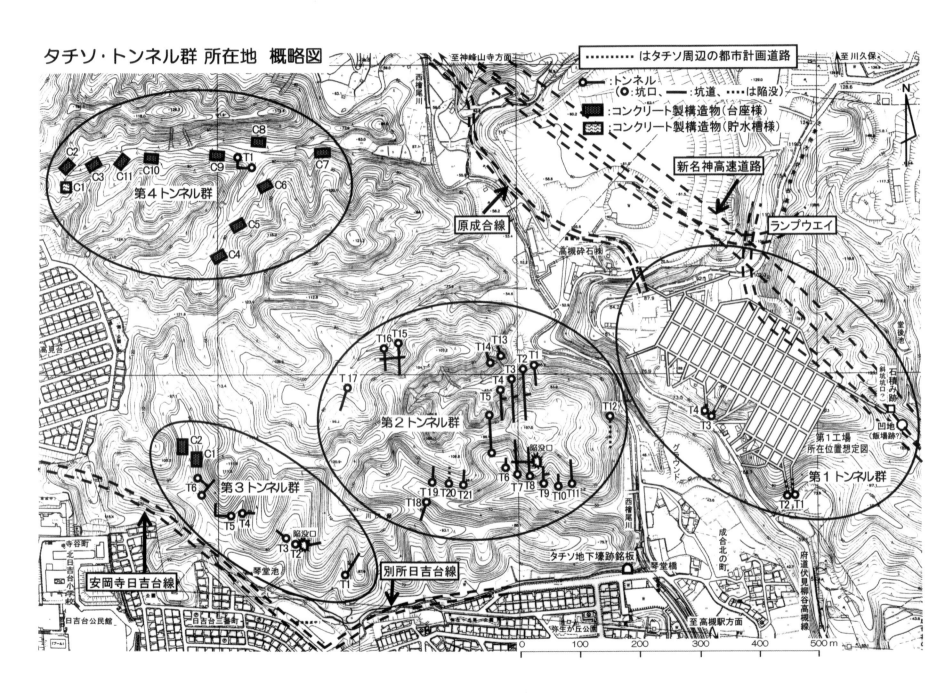

タチソ・トンネル群の全景

北側から見たタチソ・トンネル群全景

第1トンネル群がある山

第1トンネル工事から出たズリ山をつぶして造ったグラウンド

左の山中に第1トンネル群、中央に第2トンネル群、右に第3・第4トンネル群がある。

1号トンネル群、2号トンネル群に挟まれた谷あいに、かつてタチソ工事用の飯場が建てられていた。

第1トンネル群

T4入口

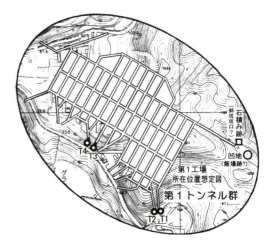

T4内部

　タチソのトンネル群の中で、米軍の「GHQ/SCAP（連合軍最高司令官総司令部）文書」や日本国有鉄道（現JR）の「岐阜工事局五十年史」などにより、唯一、資料が残るトンネル群。

　ほぼ完成し、旋盤用の機械などが運び込まれていたという戦後の報道（大阪日日新聞1946年6月3日）もある。

　敗戦後、採石工事のために入口から約20m付近が爆破され、奥まで入ることはできない。

　しかし、2001～2002年、日本道路公団（現西日本高速道路）が第2名神の工事を計画した際、「保存の会」の要請によりボーリング調査を実施、トンネルの所在位置が明らかになった。

T4内部　　旋盤用の機械なども入り、1945年8月20日から稼働予定だった。

1945年10月15日、米国戦略爆撃調査団撮影
アメリカ国立公文書館所蔵　福林徹 提供

T3内部　　用途不明の針金やフックが残っている

T3内部

1945年10月15日、米国戦略爆撃調査団撮影
アメリカ国立公文書館所蔵　福林徹 提供

第2トンネル群

T3入口

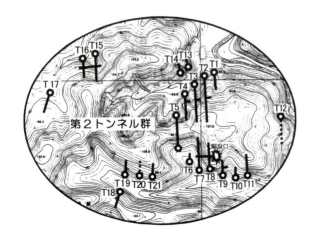

T3の入口を入ると、トロッコのレールと枕木の跡が70年後の現在もくっきりと残っている。

T3内部より入口方向を見る

　「保存の会」発足当時は、「第2地区(第2工場トンネル群)」としていた。その後に確認された第5地区(トンネル群)を合わせると高槻警察署が特高警察に報告した㊙資料などの数字に近くなるため、今回、第2群と第5群を一つのものとしている。
　1944年11月に着工し敗戦時には完成していた第1トンネル群に比べ、1945年4月から着工した第2・第3・第4トンネル群のほとんどのトンネルは未完のまま残されている。

T3内部　　　右ページの左側壁面に残っているダイナマイト跡

T3内部

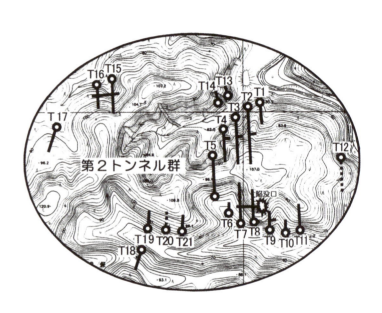

T5の北側入口

2013年の豪雨で斜面が崩壊し、倒木で入口がほぼふさがれている。
全トンネル中、唯一、貫通しているトンネルで南側に出口がある。

T5内部　　　壁面の一部がコンクリートで補強されているが、コンクリート部分以外は崩落が著しい。

T5内部　　コウモリが棲みつき、南側出口の光が見える。

T5内部　南側出口付近　　3分の2ぐらいの高さまで、外部から流入した土砂で埋まっている。

T7入口　　　高さは約1.8m　幅は約2m

T7 内部から入口方向を見る→

T7交差部　　掘りかけの横坑壁面にダイナマイト跡が残る。左の坑道は入口へ続く。

T7交差部　　T8へと横坑が続いている。右の坑道は入口へと続く。

T8とT9を結ぶ横坑が陥没し、空が見えている。

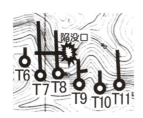

←T7内部

右奥に陥没口が見える。左下はT8の入口→

T14の入口　　T3と向かいあっている

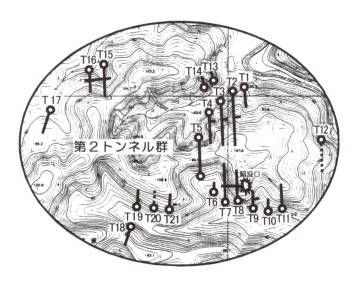

T16　内部から入口方向を見る

T16　入口

内部から見たT15の入口

T16　内部壁面に残るツルハシの跡

T15とT16をつなぐ横穴　左側はT16の入口

T15の最奥部　崩落が見られる

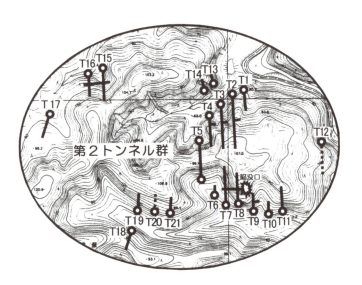

交差部からT16の入口方向を見る。ほぼ当時のままの形が残る→

第3トンネル群

T2の陥没口↑
内部より陥没口を見上げる。実際のトンネル入口は右下にある→

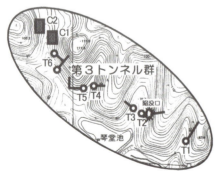

琴堂池周辺に散らばるトンネル群。第2トンネル群とは形状が違い、火薬庫・弾薬庫としての使用を考えたものではないかと思われる。

T2　内部には、水が溜まっている。

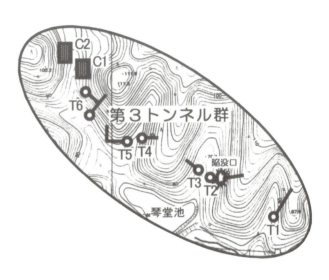

T3 入口

T5　L字型のトンネル　床には水が溜まり、壁面には坑木の跡が残る。

T5　L字型の最奥部

T5　内部から見た入口方向

T6　南側入口

T6　奥は水が溜まり、壁面には坑木の跡が残る。

T6　交差部　両方の入口が見える。北側入口には、事故防止のための土嚢が積まれている。

第4トンネル群

T1　L字型トンネルの東側入口↑

←T1　北側入口

　第4トンネル群ではトンネルは1本しか確認されておらず、『トンネル群』と呼ぶにはふさわしくないが、用途不明のコンクリート製の構築物が多く散在している。C1は貯水槽様の構造物。

　C2～C10はコンクリート製の方形の台座で、それぞれサイズは異なるが、中に方形のくぼみがある。

　C11台座にはくぼみはないが、6本のボルトが一列に埋め込まれている。

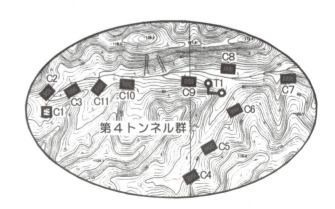

C7　縦15.3m　横5.7m（中央部8×2mのくぼみがある）

C8　縦15.4m　横5.7m（中央部8×2mのくぼみがある）

C4　用途不明のコンクリート製台座の一つ
　　　縦15.7m　横5.9m（中央部8×2mのくぼみがある）

C1 貯水槽と思われるコンクリート製の建造物
　　縦4.5m　横6.5m　深さ2.6m

敗戦当時の第1トンネル群

　米国戦略爆撃調査団が1945年10月15日に撮影したもので、その70年後の2015年5月アメリカ国立公文書館で福林徹さんによって発見された写真17点のうち8点をここに掲載させていただきました。

山腹の横穴の入口に置かれた重機械類

山腹の横穴の入口

ブルドーザー型の牽引車

横穴に搬入された重機械類

山腹の横穴へ搬入される予定だった重機械類

横穴に搬入された重機械類

横穴に搬入された重機械類

労働者の居住施設（飯場）　第1トンネル群と檜尾川の間に設けられていた飯場で、写真上部の西檜尾川沿いには壁もない三角屋根だけの飯場も見られる。撮影当時、ここで生活していた人たちの姿が認められる。この写真の左側（南側）にも同等規模の飯場がある。

【タチソ関連年表】

・1944年

7月7日	サイパン島陥落
7月18日	地下軍事施設の建設、閣議で決定
9月	地下建設隊、成合で測量
9月27日	成合の林野・農地、軍に接収
10月	中部軍、成合へ入る。山林伐採
10月	建設部隊100名、芥川小学校に駐屯
10月	宿舎・倉庫・事務所などが建てられる
10月	朝鮮人労働者、成合へ集め始められる
11月	タチソトンネル工事開始

・1945年

1月19日	明石空襲
2月	タチソ、川崎航空機工場への転用決まる
3月10日	第1回東京大空襲
3月13日	第1回大阪大空襲
3月16日	硫黄島陥落
3月19日	高槻初空襲
4月13日	湯浅蓄電池の天神山地下工場着工
4月26日	篠山からの部隊200名、磐手小学校に駐屯
5月7日	ナチスドイツ降伏
6月	土倉鉱山から80名、タチソへ入る／北宇智から200名、タチソへ入る／学徒たちのタチソへの動員始まる
6月20日	湯浅蓄電池の南平台地下工場着工
6月23日	沖縄の戦闘終わる
7月20日	海軍の設営隊、清水小学校・原分校に駐屯／安岡寺・松が丘に地下壕を掘削
8月6日	広島に原爆投下
8月	厳島からの180名の朝鮮人、タチソへ入る
8月9日	長崎に原爆投下
8月15日	日本、無条件降伏

あとがき

　高槻の「タ」、地下の「チ」、倉庫の「ソ」の頭文字を並べて「タチソ」。暗号にもならない暗号で呼ばれていた高槻市成合の地下トンネル群は、日本の敗戦が濃厚になり、米軍の激しい本土空襲が開始される1944年末から、本土決戦遂行のため日本各地で掘られたトンネル群の一つです。最初は、松代大本営と並ぶ陸軍五大「倉庫」の一つである日本中央部の地下司令部として、途中で明石市大久保にあった川崎航空機の地下工場として（陸軍戦闘機「飛燕」のエンジン部品製作）、掘られ始めました。

　成合の地主は農地（坪あたり3銭）と山林を強制収用されました。軍からは原状復帰を約束されてはいましたが、戦後の混乱の中で果たされませんでした。敗戦当時のタチソは昼夜兼行の突貫作業で9千平方メートルの第一工場が完成し、一部には旋盤機械などが運びこまれ、稼働寸前でした。敗戦直後に資料等が焼かれたため、タチソの全容は現在でもわかっていません。特に第4トンネル群のコンクリート製建造物は何のためのものか、全く不明です。

　高槻「タチソ」戦跡保存の会は、「高槻むくげの会」「戦争の記録を残す高槻市民の会」の調査活動結果を踏まえて、1990年4月に結成されました。その後、保存のための署名運動、市民に「タチソ」の存在を知ってもらうための見学案内、調査、学習会、案内人育成講座などの活動を続けてきました。

　高槻在住ということで撮影をお願いした橋本学氏は、時には案内人が音をあげるほど熱心に取り組んでくださいました。その結果、私たちの思惑を越えて、崩壊しつつあるトンネル群のある種の"美"まで写しとってもらえました。

　また、長年の研究の成果を惜しみなく教えてくださった坂本悠一さん、塚﨑昌之さん、新聞等に未発表の写真を探し出してくださった福林徹さん——福林さん提供の写真からは、当時のタチソと現在のタチソ、成合付近の変わり方を感じとっていただけると思います。また、時に応じて編集上の的確な助言をくださった川瀬俊治さん、合田享史さん、写真集制作に携わっていただいた平野谷雅和さん、撮影サポートに尽力していただいた三木悠子さん、皆様に、この場をお借りしてお礼を申し上げます。

　敗戦後70年、「タチソ」は風雨にさらされ続け、崩壊も進み、見学希望者を案内するのも危険な状態になりつつあります。この写真集が、「戦争が国民に何をもたらすのか」を考えていただく一助となれば幸いです。

photographer　橋本 学 （はしもと まなぶ）

1971年 京都市生まれ
　　　　大阪ビジュアルアーツ写真学科卒業

幼い頃よりカメラを手にする。30歳前にして偶然、写真の世界に引きこまれ、アシスタントなどを経て、ほどなくフリーランスのカメラマンとなり広告写真撮影を中心に現在に至る。地元高槻では高槻 jazz street を 2000 年より撮り続けている。釣りと酒と自然を愛す、自然派カメラマン。高槻市在住、国内外問わず精力的に活動中。

高槻「タチソ」戦跡保存の会

1990年4月、戦争の愚かさを伝えるためにタチソ・トンネル群を保存したいと望む市民が集まり、結成された。高槻市民を中心に会員数約200人。年に10数回のトンネル案内などの活動を続けているが、トンネルの崩落が進むに従い、現在では内部への案内が困難になりつつある。

消えていく戦争　70年目のタチソ

2015年8月15日　　初版第1刷発行
2015年9月15日　　初版第2刷発行

編集・制作　高槻「タチソ」戦跡保存の会

発　行　所　東方出版　〒543-0062 大阪市天王寺区逢阪2-3-2-602
　　　　　　　　　　　TEL 06-6779-9571　FAX 06-6779-9573
印刷・製本　株式会社 国際印刷出版研究所
ISBN 978-4-86249-256-2
本書の収録内容の無断転写、複写、引用などを禁じます。